포엠포엠
POEMPOEM

2014 Choi Hae don

일요일의 문장들

최해돈 시집

포엠포엠 시인선 006

일요일의 문장들

최해돈 시집

포엠포엠
POEMPOEM

■ 시인의 말

새 떼의 행렬 속에
나는 존재한다

2014년 여름
최해돈

■ 차 례

1부

2부

3부

4부

1부

생략법

그것은,

다 타지 않은 한 장의 사각형 종이다
겨울의 틈에 잘 스며든 한 움큼의 빛이다

그것은, 살아있는 3박자 호흡이다

바람이 갈라진다
나뭇가지가 흔들린다
먼지가 온종일 흩날린다
먼지가, 어제의 방을 찾아 출렁인다

그들이 오고 있다

먼데서
이곳으로

주머니에 푸른 잎을 넣어 달려오고 있다
빠른 걸음으로 새벽을 지나, 넉넉한 오후로 오고 있다

그러나 여기는, 미완의 잠을 다독여야 할 시간

우리의 몸은 떨고 있다
우리의 생각은 마른 풀처럼 흔들리고 있다

다시, 어둠이 가까워질수록

여기는 기쁨과 슬픔의 질량이 잘 엮이는 시간
어제와 오늘의 지워지지 않은 글씨들이 선명하게 얼굴을 씻어야 할 시간
내일의 바닷가 모래를 손바닥으로 비벼야 할 시간

유리창에 대한 독해

생각의 뼈가 창가 쪽으로 조금씩 휘어지고 있다

생각의 뼈가,
어디론가 떠나가면서 한 방향으로 읽힌다

새가 이동하면서 허공을 뚫는 흰 얼굴들
무게의 이름으로 측정되는 촉촉한 기쁨들

언제부턴가, 우리는

가정법을 깨달으며 미래의 파도를 먹어 치운다
밤의 적막을 알기에 나무의 탄생을 꿈꾼다

새로 생긴 흔적이 봄으로 가는 그림자를 밟고 있는데

창가엔
아직 여물지 않은, 일상에 지친 잔털이, 순간을 스치고 간 발걸음이, 내일로 가는 푸른 호흡들이, 무심히 걸려 있다

시간에 연결되는 기억들이 바람 앞에서 종일토록 윙윙거리니

비로소, 완성되는 하나의 봄은

일요일의 문장들

미풍에 흔들리는 나뭇가지의 떨림에 대하여 생각하였다

담벼락에 사는 벽돌의 나이에 대하여 생각하였다

걸어오는 봄의 머리카락에 대하여 생각하였다

빠르게 지나가는 자동차 행렬의 속도에 대하여 생각하였다

적색 신호등이 살아있는 시간에 대하여 생각하였다

온종일 비행하는 먼지의 행방에 대하여 생각하였다

쓸쓸히 멀어져가는 사람들의 뒷모습에 대하여 생각하였다

까만 볼펜 뚜껑의 삶에 대하여 생각하였다

주고받은 언어들의 동그란 모양에 대하여 생각하였다

굴러가다 멈춘 바퀴들의 그늘에 대하여 생각하였다

도서관 2층과 3층 사이, 계단의 묵언에 대하여 생각하였다

방으로 들어오는 빛의 따스함에 대하여 생각하였다

여백을 채우는 사각 유리창에 대하여 생각하였다

시집 속에 누운 바탕체 작은 글씨에 대하여 생각하였다

쉼 없이 부는 바람의 성실함에 대하여 생각하였다

플라스틱 의자의 간절한 기다림에 대하여 생각하였다

먼 길을 동행하는 어머니의 거친 손등에 대하여 생각하였다

서랍 속에서 잠자는 어둠에 대하여 생각하였다

평행으로 흐르는 시간의 고마움에 대하여 생각하였다

허공에도 무늬가 있다는 신뢰에 대하여 생각하였다

종이컵에 떨어지는 탱탱한 물방울에 대하여 생각하였다

바깥나들이를 마치고 돌아오는 운동화 끈에 대하여 생각하였다

신문에 박혀있는 소설가의 흑백사진에 대하여 생각하였다

푸른 저녁으로 지친 나를 데리고 가는 안경테에 대하여 생각

하였다

말없이 기울어가는 계절의 안타까움에 대하여 생각하였다

일요일이 일요일 수밖에 없는 처지에 대하여 생각하였다

뿔

언제부터인가, 나는 뿔 하나를 갖고 싶었다

그 뿔이 내 안에 조금씩 자라기 시작했고
말없이 흘러가는 강물 위에 별들은 내려왔다
별들은 강물을 타고 바다기슭까지 훠이훠이 잘도 갔다
생각해 보니, 뿔은 마음 깊은 곳에서 늘, 쿵쿵거렸다

뿔, 그는 내 안에 자라면서

들판, 밭두렁, 골목길, 바다가 되기도 하다가
약속, 설렘, 미래가 되기도 하다가
낮이면 세상 먼 곳까지 달려가 한참을 떠돌다가
날이 어둑어둑해지면
저녁의 형제들이 모인 곳으로 돌아와 쉬기도 하였다

뿔,

그는 나에게 있어 무엇이었는가
나는 그에게 있어 무엇이었는가

곰곰이 생각해 보니

세상 어딘가에 뿔이 자라고 있음을 깨닫는 오후 3시 반
뿔은 언제나 나를 긍정의 길로 인도해 주었다

겨울날 봄을 기다리는 자작나무가 되어
초등학교 운동장 한복판에 있는 고요가 되어
때론, 아버지가 남겨준 논바닥 붉은 흙이 되어

어둠의 배경

아무도 가르쳐 주지 않았다

깊어가는 밤, 별들의 바깥이 안쪽을 끌어안느라 서로 토닥거리고 있었다. 바람 차가운데 한 사내, 나무가 있는 거리로 나가쓰러졌다. 어둠이 깔린 길바닥, 몸이 작은 가랑잎이 흔들리며 푸른 새벽을 기다렸다

까닭을 알 수 없는 지점, 문門이 문을 열어주지 않는다. 삶의 각도와 방식은 비에 젖은 새같이 웅크리고, 겨울 강처럼 깊은 뼈가 침묵 속으로 걷고 있었다. 당신의 넓은 가슴 가슴에 빗방울은 톡, 톡 떨어지고

유리창엔 달빛이 박혀 초여름으로 차츰 건너갔다

뼈

뼈가, 바깥을 품는 뼈가 되는 데에는
뼈가, 좀 더 안쪽으로 파고드는 튼실한 뼈가 되는 데에는

별들도 불면의 아픔을 여러 번 견뎌야 했다

뼈는 태어나자마자
뼈가 되고자
처음, 물방울을 보았다

뼈가, 하나의 뼈가 되는 사이

정직한 계절은 자주 외출을 했고
텅 빈 가을날에 편서풍은 꽤 불었으며
건널목 옆, 온종일 서 있는 어린 은행나무는
나이를 자꾸 먹어 어른으로 성장했다

뼈, 그는

외로움을 견딜 줄 아는 한 묶음의 고요였다

기쁨과 슬픔을 비비는 데 필요한 빈 그릇이었다
더는 가난하지 않은 먼 종소리였다

나는 새로운 뼈가 되고자 아침을 맞는다
당신은 새로운 뼈가 되고자 아침을 맞는다

당신과 나는

뼈, 뼈가 되고자
흔들리며 휘어지며 차츰 기울어가는 그림자를 본다

언제나 바깥인 우리를 따스한 안쪽이 되게 하는
먼 길을 데굴데굴 잘도 굴러가는 성실한 바퀴 같은
때로는, 길바닥에 나뒹구는 낙엽의 손등 같은

뼈,
뼈,
그 뼈가 되고자 우리는

새벽은 현재진행형

바람은
하루를 보내기 위하여
붉은 옷을 벗었다
흙이 깔린 곳으로 내려앉은 힘줄은
허공으로 뿌리가 뻗어 갔다

사람들의 생각과 발걸음은
풀잎처럼
세상에 젖으며 둥근 나이테를 만들고

강물이
높은 곳에서 낮은 곳으로 사심 없이 흐르듯
목숨 있는 것들이
하나의 물방울을 만들며 한쪽으로 조끔씩 휘어져 간다

너는 나를 위하여
깊어가고
나는 너를 위하여
깊어가고

우리들의 어둠은 지나가고 새벽이 오고 있다

푸른 눈동자를 가진 새벽이 오고 있다

멀리 보이는 산허리
총총한 걸음걸음에 새겨진 무늬 없는 기억의 조각들
멀어져 가는 사람들의 뒷모습이 가물가물하다
자가용 바퀴가 미지의 도착지로 가느라 털털거린다

내가 가보지 않은 넓은 들판이여
내가 가보지 않은 푸른 바다여

먼지처럼 유영游泳하는 우리는

순간순간을

직립하는 생명의 땅에
스스로 슬픈 어른이 되어 기쁨으로 걸어가는 중,

새벽이
발을 적시며 천천히 걸어오고 있다

배고픈 새떼들이 서쪽으로 비행하려고 날개를 휘감는데

제2의 탄생

인적이 드문 곳, 길바닥에 지렁이 한 마리 죽어간다. 몸에 물기가 없다. 죽어가면서 생의 최후를 맞는다. 어찌할 수 없다. 차마 안타깝다

지렁이가 먼 길을 돌고 돌아 길바닥에 오기까지, 흘러온 시간의 틈이, 좀처럼 꺼지지 않는 구름의 이동 속도가 푸른 문장에 자르르, 점점이 박힌다

지렁이는 죽는 순간까지 잘 열리지 않는 문을 열려고, 좀처럼 무너지지 않는 벽을 부수려고, 무더운 여름을 보내며 불면의 아픔을 여러 번 경험했을 것이다

내가 다시 돌아왔을 때, 그는 죽었다. 그가 죽었을 때, 햇살은 얼마나 내려왔는지 편서풍은 세게 불었는지 알 수 없었다. 키 큰 전나무 이파리가 건너편 아파트 옥상을 무심히 바라보고 있을 뿐

살아있는 것들이 차츰 죽어간다. 죽은 것들이 차츰 죽어간다. 죽음을 말하는 모든 것들이 죽어간다. 저 죽음 뒤, 새롭게 태어나는 삶. 살 빠진 수도꼭지에 떨어지는 물방울 무게가 탱탱하다. 세상이 한결 가벼워진다

잃어버린 것에 대한 관찰

신호등이 없는 건널목 앞, 좀 더 정확하게 말하자면, 직선의 빗방울들이 시간을 다투어 쏟아지고 있을 때, 나는 한 그루 나무처럼 물끄러미 서 있었다

내가 껍질 없는 나무가 되어가고 있을 때, 눈앞에 편의점이 보이고, 빨간 우체통이 보이고, 플라타너스가 보이고, 낡은 의자가 보이고, 찌그러진 대봉고물상 간판이 보이고, 가로등이 보이고, 골목길이 보이고, 부서지는 빗방울들이 보이고, 지나가는 봉고차가 보이고, 오토바이를 타고 가는 사람의 옆모습이 보이고

존재의 기억이 흩어지고, 존재의 기억이 사유할 수 있는 지점까지 계속 굴러가고, 긍정의 힘으로 살아가는 잔털들이 바위에 부딪히고, 주위에는 허공을 파먹는 검은 새들이 계속 푸드덕거리고 있었다

시간의 작은 알갱이들이 적막으로 자꾸 빨려 들어가고 있을 때, 나는 점점 작아지는 하나의 점으로 남아 있었고, 언제부터인가 나는 차츰 없어지고 검은 아스팔트 위로 빗방울이 떨어지며 한참을 맴돌고 있었다

겨울의 혀

겨울의 혀가 바다처럼 푸른 삶을 품고 있다. 살아가면서, 타박타박 고갯길 넘는 삶이거나, 보도블록을 밟고 가며 슬픔과 기쁨을 끌어안는 삶이거나, 고요한 방안에서 홀로 잔잔한 강의 울음소리를 듣는 삶이거나

겨울의 혀가 누군가를 증오하다가 사랑을 깨닫는다. 때론 자신의 비밀을 엷은 무늬로 토해 내다가, 가난한 마음을 데리고 침엽수림이 있는 곳으로 가다가, 구부러진 길을 아침저녁으로 바람이 되어 걷다가

겨울의 혀가 한 줌의 희망을 허공에 비비고 있다. 모퉁이가 닳아 좀 쓸쓸한 마음을 끌고 가면서, 낡은 오늘을 실바람에 날려 보내고 어둠을 빈 주머니에 구겨 넣으면서, 가슴에 새겨진 아픔을 비로 쓸어내면서

겨울의 혀가 있는 곳에 눈이 펑펑 온다. 겨울의 혀가 있는 곳에

삶이 있다, 사랑이 있다, 희망이 있다

사람들이 와르르 지나간다

하늘에서 눈이 내리고 눈이 내리고 눈이 내리고

사람들이 눈을 밟으며 밟으며 밟으며 가고

오후 늦도록 눈은 그치질 않고

삶이 있는 곳에, 사랑이 있는 곳에, 희망이 있는 곳에

겨울의 혀는
존재하고, 존재하고, 존재하고

응시凝視

오후 5시 30분,

저녁으로 걸어가는 하루의 뒷모습이 희끗희끗하다

존재의 수평선 위에서 차츰 기울어가는 우리의 각도가 허공을 찌른다. 벽이 모난 것이든 둥근 것이든 모두 한쪽으로 흐른다. 시내 한복판 로터리에 흩어졌던 기억들이 부서지면서 서서히 무거운 몸을 내려놓는다

겨울이여!

여기는
아직 목적지에 도착하지 못한 허름한 역驛

바람도 구름도 잠시 머물다 갈 작정인가 보다

흐르는 것이, 흘러가는 것이 비 오는 날 찰랑찰랑한 물방울처럼 탱탱하다. 천천히 멀어져가는 하루의 뒷모습을 바라보니 中心이라는 글자가 수직으로 떨어지는 빗물처럼 가슴에

박힌다

걸어간다는 것은 무슨 의미일까
흘러간다는 것은 어떤 의미일까

저녁으로 걸어가는 하루의 저 촘촘한 뒷모습이

빠져나오지 못한 빛의 떨림인 듯
낡은 흔적들이 세월의 여백을 차츰 채우는 듯
살아서 꿈틀꿈틀, 꿈틀거리는
오후 5시 30분,

하루의 꼬리가 세상의 中心을 향해 가는,

여름을 끌고 가는 은행나무

너무도 조용한 푸른 신호등 옆

잎이 무성한
은행나무 한 그루

그는 거기에 서 있었다. 특별히 무엇을 한 건 아니었지만, 거기에 서 있었다. 지나가는 자동차 행렬을 뚫어지게 바라보고 있었다. 말없이 걸어가는 행인의 뒷모습을 빤히 쳐다보고 있었다. 알알이 익어가는 여름의 침묵 속으로 뚜벅뚜벅 걷고 있었다. 휘청대는 하루 너머의 세상을 그리워하고 있었다. 거리에 수북이 쌓이는 적막을 물끄러미 바라보고 있었다

내가 그 옆을 지나갈 때에도
그는 계속 한참을,

물방울

비 오는 날. 물방울. 물방울. 보도블록 위에 외출 나온 물방울. 물방울. 물방울이 톡톡 튕긴다. 물방울이 걸어온다. 걸어오면서 울고 있다. 울고 있는 물방울 옆에 물방울. 물방울. 물방울. 물방울이 외출 나온 보도블록 위에 고요가 한 켤레 두 켤레 쌓인다. 그 고요 위에 물방울이 깨알처럼 쏟아진다. 이쪽에도 물방울. 저쪽에도 물방울. 물방울이 물방울을 만나고 물방울이 물방울을 만난다. 물방울과 물방울이 서로 부딪힌다. 물방울이 웃는다. 물방울이 물방울의 길을 간다. 보도블록 위는 온통 물방울 나라. 여기도 물방울. 저기도 물방울. 여기저기에 물방울. 물방울. 물방울. 물방울을 바라보는 마음 한쪽에 물방울이 여러 개 생긴다. 무늬가 없다. 다만 깊어 간다. 물방울을 꺼내어 물방울 옆에 놓는다. 물방울이 굴러간다. 데굴데굴 굴러간다. 물방울이 물방울과 물방울의 틈을 지나간다. 틈을 지나가는 큰 물방울, 작은 물방울. 물방울이 아프다. 통, 통, 통, 물방울이 굴러간다. 물방울을 따라 나도 굴러간다. 시간을 깎으며 가는 저 물방울. 물방울. 물방울. 물방울 위에 내려앉는 숨결들. 숨결들이 눈을 씻는다. 물방울이 물방울을 만든다. 왼쪽에도 오른쪽에도 두 눈을 크게 뜬 물방울. 물방울. 물방울.

밑줄 긋는 사람들

흙을 밟으며 시간을 쪼갠다
흙을 밟으며 시간을 다듬는다

돌아보면
참 멀리도 왔다

한때는 흙을 떠나 멀리 가려고 하였지만
결국엔
흙으로 돌아와 흙을 밟는다

낙엽은 지고 바람은 불지 않았다
사람들은 내 곁을 빙빙 돌며
기억 속의 문장을 꺼내어 까만 밑줄을 긋고 있었다

흙을 밟다가 의자에 앉는다
보이는, 보이지 않는 수많은 형용사들이 내일로 말없이
걸어간다

잠시 시간과 떨어져

흙을 다시 밟는다

등이 굽은 노인 한 분이, 한 발 한 발 앞으로 지나가신다

2부

당신과 나는 구부러진 등뼈였다

흘러가는 것 속에 긴 잠이 있다
흘러가는 것 속에 기쁨이 살아 꿈틀거린다
흘러가는 것 속에 사랑의 잔뿌리가 흔들린다

어쩌면
당신과 나는, 세월 저편으로 가는 구부러진 등뼈

한때는, 건널목을 굴러가는 큰 바퀴가 되고 싶었다
한때는, 행간에 있는 굵고 큰 글씨가 되고 싶었다
한때는, 슬픔을 씻어주는 작은 물방울이 되고 싶었다

다소 부드러운 오늘이, 바람 속에 잘 비벼지고 있다
당신과 나는

참으로 오랜 시간을 함께 했다. 먼 길을 동행하면서 가슴에 나무한 그루를 키웠다. 바람이 불고 비가 오고 진눈깨비가 흩날리고 천둥 번개가 치고 머리 위로 새들이 날아가곤 했다. 나무는 물이 없어도 긴 세월을 잘도 자랐나니

당신과 나는

12월의 등뼈
오후를 걸어가는 등뼈
설렘과 기다림을 반복하는 등뼈

저 멀리서 기차가 경적을 울리며 달려오고 있을 때
흩어졌던 기억의 알갱이가 모여 새로운 등뼈가 되었다

그러니까
세월 속에, 세월이 되어, 순간을 사는, 당신과 나는
구부러진 등뼈

여름의 바깥

길 위에 홀로 태어난
한 조각 바람,

처음, 길이 열렸다. 아무도 없었다. 들도 산도 나무도. 오직 길만 있었다. 걷기 위해 태어난 그였다. 걷는 것 밖에 아무것도 할 줄 모르는 그였다. 얼굴에 웃음 가득한 그였다

길을 걷지 않을 수 없었다. 살면서 걷는 게 유일한 기쁨이고 슬픔이었다. 자작나무의 맑은 눈동자를 보기 위하여, 길게 늘어선 의자의 기다림을 만나기 위하여, 개미허리에 새겨진 땀방울의 흔적을 보기 위하여, 길바닥에 납작 누워 하루를 보내는 돌의 숭고한 생을 깨닫기 위하여

걷고 또 걸었다. 걷다가, 저녁으로 가는 들풀을 만났다. 깊게 흐르는 강의 어깨를 보았다. 푸른 옷을 입은 가랑비를 보았다. 집으로 돌아가는 새떼의 긴 행렬을 보았다. 길가에 쫙 내려오는 적막 한 묶음을 보았다

다시 길을 걸었다. 다만 걸었다. 하루 종일 눈앞에 펼쳐지는

풍경들, 순간순간 흔들흔들 흔들리는 이파리들, 미래의 땅에가 닿으려 오늘을 마감하는 뿌리들, 높은 언덕을 넘어가느라 낑낑대는 햇살, 햇살들이 정겨웠다

여름날,

매미는 쉬지 않고 아앙 울었다. 매미의 울음 속으로 바람이 송두리째 빨려 들어갔다. 바람의 뒤를 따라가는 발톱이 있었다. 여름의 바깥에 짤막한 길이 있었다

쓸쓸한 곳이 가장 빛난다

농협에서 쇼핑을 끝내고 집에 가는 길

콘크리트 농협 건물의 모퉁이가 쓸쓸했다
콘크리트 농협 건물이
기울어가는 겨울의 끄트머리에서 울고 있었다
집에 가면서 다시 뒤돌아보았다
그 자리가 가장 빛나고 있었다

트라이앵글*

아파트 현관문을 열자, 시간의 깨알들이 우수수 쏟아졌다
엘리베이터로 갈수록 발걸음은 더욱 사각형 세상에 좁혀졌다
살아남은 자의 슬픔을 알지 못하는 발이 허공에 흩날리는 안개처럼 희뿌연 까닭이다

바람이 전해주는 긴 호흡이나 비 쏟아지는 날, 빗소리의 튀는 행방은 살아있는 것들의 살갗으로 대개 모여드는데

슬픔을 버리고 기쁨 하나로 걸어가는 발이 있다

길 건너 바위처럼 굳어져 가는 손가락들,
때로는, 아스팔트 길옆, 바람 부는 방향만큼 움직이는 마른 나무의 살과 뼈들

날이 깊어갈수록 플라타너스는 그의 기억을 이파리에 차곡차곡 새길 것이고, 밤과 낮이 반복될수록 바닷가 모래알은 푸른 세월에 차츰 젖어간다는 걸, 그대는 알까

아파트 현관문을 밀고 닫으니 발이 물방울처럼 굴러갔다. 발이 언덕과 강을 건널 때 새떼의 행렬은 꽤 길었다

발이 다 닳아도 틈에 새겨진 자국은 천 년 동안 지워지지 않을 거고
배고픈 깨알들의 이 박자 쉼표로 들판은 오래도록 흔들릴 것이다

* 트라이앵글(triangle) 〈음악〉 강철봉을 정삼각형으로 구부려 한쪽 끝을 실로 매달고 같은 재료의 막대로 두드리는 타악기. 소리가 매우 맑고 높다.

손

그의 출처는 어디인가
그의 발원지는 또 어디인가

언제부턴가 나는 손이 되기 위해 손처럼 살아야 했다. 내가 손이 되어가는 사이, 빗방울은 쉼 없이 데굴데굴 굴러갔을 뿐. 어린 자작나무 가지 끝엔 익명의 그리움이 앉아 있고, 자작나무 그늘은 허공을 파먹으며 계절의 푸른 옷을 계속 바꿔 입었다

물끄러미

손등을 쳐다보며 손등 위를 스쳐 간 짤막한 기억,
햇살이 걸어온 구부러진 길을 따라가 보았다

유년 시절, 어머니는 내가 배가 아플 때 당신의 손을 나의 작은 배와 등에 살며시 얹으시며 아픔을 데려가 달라고 꽤 빌었다, 하신다. 그 아픔을 견디며 여름날 대나무처럼 어른으로 성장해가는 나는 손의 의미에 대해 손의 뜨거움에 대해 잘 알지 못했다. 다만 손이 되기 위해 손가락을 쥐었다 펴기를 반복했

을 뿐,

지하철을 탔다. 목적지 역 출구를 나가기 직전, 보증금 환급기에서 단돈 500원이 내 손바닥에 툭, 떨어졌다. 무언가 설명할 수 없는 형체 없는 무늬 한 묶음이 찾아왔다

무엇이었을까?

내 손바닥에 떨어진 건
새로이 태어난 위안이었다
살아있다는 떨림이었다
존재한다는 명징한 증거였다
멀리서부터 이어진 외길이었다
백 년을 더 살라는 메시지였다
시간과 공간이 찍어낸 3도 화음이었다

다시 손바닥을 본다, 손바닥에 긁힌 주름의 기억 너머를 본다

아직은 다 아물지 못한 상처 같은 손

무더움을 인내하며 초가을의 숨결을 기다리는 가로등 같은 손

수평과 수직 사이에서 하루의 지나감을 깨닫는 손

직선과 곡선 사이에서 새벽이 다가옴을 느끼는 손

존재와 비존재의 경계에서 닫힌 문을 열고자 아침부터 문고리를 잡아당기던 손, 그 손

바퀴의 묵언

아파트 주차장
꿈적 않는 승용차 바퀴

그가 찐빵처럼 따끈한 휴식을 하고 있다
그가 먼 길을 가려고 몸을 풀고 있다
그가 새로운 땅을 밟기 위해 어둠을 견디고 있다
그가 지나가는 사람의 굽은 등을 본다
그의 침묵이 적막에 차츰, 빨려든다

먼 길을 달리며 외로움에 푹, 젖은 일상들
눕지 못하고 온종일 서서 차의 무게를 견디는 힘겨운 시간들
불쌍하다
순간, 그의 몸에 긁힌 깊은 상처가 되고 싶다

그를 자세히 보니

나도 자유의 바퀴가 되고 싶은
나도 자유의 바퀴가 되어 실컷 달리며 울고 싶은
나도 자유의 바퀴가 되어
길 끝 어디론가 힘차게 굴러가고 싶은, 이 마음

바퀴가, 저 불쌍한 바퀴가

내일의 푸른 먼지가 되려고 잠을 이루지 못한다. 어둠에게 뜨거운 여름을 잘 건너왔다, 말하려고 눈을 깜빡인다. 둥그런 울타리가 되려고 직선과 곡선을 계속 긋고 있다

바퀴는 어디서 나와 어디로 가고 있는가
바퀴가 가는 길, 그 길 끝이 있기는 한 걸까

나는 바퀴를 보며 더는 바퀴가 되지 못하고, 더는 바퀴의 옆이 되지 못한다. 아니, 나는 이미 바퀴가 되어 있는지도 모른다는 생각, 바퀴가 되어 바퀴의 출처가 다소 궁금한 것인지도 모른다는 생각, 바퀴가 되어 바퀴의 옆을 보고 있는지도 모른다는 생각이 팽팽하고

기억의 잔뿌리와 흔들리는 모든 것들이 시간을 다투어 밤의 터널을 막 지나갈 때

아파트 주차장 어둠에 묻혀 있는 저 바퀴의 묵언, 묵언은

잔설殘雪

밖이 춥다, 날씨는 한파주의보

눈이 온 길바닥을 밟으며 간다
눈이 한창 녹는다

길바닥에
잔설殘雪이 있는 곳과 없는 곳의 경계가 분명하다
눈이 녹으면서 생긴 이 경계도
먼 시간부터 유有와 무無 사이를 넘나들며
꽤 오랜 시간 기쁨과 슬픔이 교차했으리라

길바닥에 생긴 경계는 곡선형이 많다
타원형도 있고 아주 드물게 짧은 직선형도 있다
세상에 존재하는 경계가
빠르게 또는 서서히 태어나기도 하고 사라지기도 한다
잔설이 다 녹으려면 한 열흘은 더 걸릴 거다

길바닥의 살갗이 바람에 한 겹씩 벗겨지는 날이다
날씨는 계속, 한파주의보

낡은 경계가 새로운 경계를 낳고 있다
오래된 슬픔들이 쩍쩍 갈라지고 있다

겨울 강

별이 밤하늘을 건너가는 데
꼬박 3년이 걸린다

떠난 당신을 기다리는 잎이 마른 겨울 창가에
흰 눈이
그칠 줄을 모른다

돌아서면 흩날릴 것 같은 시간들
언제나 제자리에서 맴돌던 순간들

안과 밖에 새로운 형체의 문장이 태어나고 죽어간다. 살고자 하는 몸짓들이 허공에 파고들며 파닥거린다. 어제를 건너온 바람의 뼈가 차츰 왼쪽으로 휘어진다

읽을 수 있는 책들
쓸 수 있는 까만 볼펜들
지나간 날을 볼 수 있는 달력들
담을 수 있는 봉투들

너를 기억하는 틈 속에, 가슴 검은 새 한 마리가 운다
너를 기억하는 수도꼭지에, 물이 성난 듯이 콸콸 쏟아진다
너를 기억하는 길모퉁이에, 뿌연 먼지가 날린다

너를 기억하는,
세월의 길바닥에 온종일 기쁨의 조각은 쌓이는데

길 위에, 짧은 문장하나가 발을 동동 구르는, 배부른 저녁이 찐 감자처럼 푹푹 익어가는,

그들의 직설법

시내버스 정류장에서
사람들이
버스를 기다리고 있다

웅성웅성

앞과 옆을 보고 있다
뒤는 보지 않는다

그들이 본, 앞과 옆은
먼저 출발한 사람들이 남긴 직설법 문장
그들이 보지 않는 뒤는
나중에 오는 사람들이 볼 앞일 거다

사람들이 하나 둘 버스를 타고 떠난다
아직 떠나지 못하고 버스를 기다리는 사람의
등을 본다

등이 새우처럼 굽어 있다

등이 점점 가까이 보인다

사람의 굽은 등이 아름다운 날
버스는 지금 어디쯤 오고 있을까

길바닥에 납작 엎드려있던 돌들이 뒤집힌다

빈방

사람들 가슴에 빈방이 생겼다

빈방에

뿌리가 자라고
뿌리가 생각의 단추를 열고
뿌리가 꿈을 꾸고
뿌리가 방 밖으로 뻗어 가고
뿌리가 세상을 알기 시작하고
뿌리가 인내하는 방법을 터득했다

사람들은 모여 둥글게 살아갔다. 살면서 서로에게 둥근 원이 되어 주었다. 늙은 전나무 머리 위로 빗방울과 구름이 지나갔다. 사람들은 텅 빈 가슴을 움켜쥐고 자신에게 무엇이 되려고 물을 마셨다. 사람들이 있는 곳에 별들이 내려와 머물다 갔다. 별들이 머문 자리에 붉은 꽃이 피었다. 사람들은 꽃을 보며 서로의 마음을 읽었다

뿌리는 물을 먹으며 자꾸 자랐다

뿌리는 옆으로 계속 뻗어 갔다

풀이 누워 있는 곳으로
사람들이 웅성대는 교차로로
자갈밭을 지나 틈과 틈 사이로

뿌리들은
아직 깨어나지 않은 현재를 독해하며
사는 데 필요한 최소한의 폐활량을 늘리고 있었다

마침내, 빈방이 모여 들판을 이루었다

흩어진 자들의 발자국

평면의 하루,
푸른 눈동자가 허공을 비행한다

오늘은
부드러운 직선이 가벼워 보인다

우리는 곡선을 밀고 당기며 사막으로 간다
우리는 각角이 닳은 저녁 숲으로 걸어간다

존재의 의미가
세상 중심을 향해 차츰 내려앉고
수직은 또 하나의 수평을 만들고

뿌연 먼지는 쓰러진 자의 땅 위에 흩날리고
뼈와
살과
작은 긍정이 모여 큰 집이 되고

나는 어둠 속에서 반짝이는 별들을 본다

나는 스스로 흔들리면서 멀어져가는 계절을 붙잡으려 한다

나는 깊어가는 시간에 누워 겨울의 뿌리를 생각해 본다

나는 보이지 않는 곳에서 너의 등을 두드린다

닫힌 문들이 하나 둘 열리고, 사람들이 내게 걸어오고, 나는 사람 들 틈에 빠르게 달려간다

사람들이 오후를 끌며 길 끝으로 간다

사람들이 벽을 두드린다

사람들이 화초에 물을 준다

사람들이 빈 화분에 이름을 지어 준다

드디어,

거실에 먼지가 쌓인다. 고단한 하루가 닫힌다. 몇 켤레의 신발이 긴 호흡을 하고 있다. 살아 있는 것들의 무게가 먼 길 떠날 채비를 한다. 새벽이 조금씩 가까워진다

빗방울 왈츠

빗방울이 아스팔트를 다다다다 때린다
빗방울이 차 유리창에 다다닥 부딪친다

어디서 저런 힘이 나오는 걸까

빗방울이 전속력 수직으로 낙하한다
빗방울의 어머니는 땅이다
꽃잎이 땅으로 떨어진다
꽃잎의 어머니는 흙이다

누구든 사랑을 하려거든
빗방울처럼, 꽃잎처럼 하라

빗방울이, 아스팔트를 다다다다 때리는 모습을 보면서
빗방울이, 차 유리창에 다다닥 부딪치는 모습을 보면서
꽃잎이, 땅으로 떨어지는 모습을 보면서

나는 봄으로 가며 젖는다

세상의 모든 어머니는 땅,
멀리 있는 나무 한 그루에게도 땅은, 어머니가 된다

비 오는 날 나는

빗방울이 되어 어머니에게 간다
꽃잎이 되어 어머니에게 간다

그리고
긴 호흡으로 당신을 불러보는 것이다

한낮의 드로잉

오후의 등이 저녁으로 걸어가는
동사무소 옆, 조그만 버스정류장

그가 하루의 무게를 온몸으로 버티고 있다. 개인택시가 지나간다. 우편물을 실은 오토바이가 휙, 지나간다. 자전거를 탄 젊은 청년이 몸을 좌우로 흔들며 지나간다. 70세쯤 되어 보이는 할머니가 의자에 풀썩 앉는다. 여고생 한 명이 할머니 옆으로 와서 책을 뚫어지게 보며 킬킬거린다. 멀리, 혹은 가까이 떠나는 사람들, 푸른 별들을 주머니에 넣어 돌아오는 사람들, 오고 가는 사람들의 스침만으로도 그는 배가 부르고, 수평으로 흐르는 화살표가 허공의 옆구리를 계속 갉아 먹는다

낡은 버스 한 대가

저 멀리서 이쪽으로 오느라 낑낑거리고, 조용한 오후의 살과 뼈가 저녁으로 자꾸만 빨려 들어간다

젖음의 미학

하늘을 날아가는 새의 어깨가
젖어 있다

어디서부터 날아왔는지
어디로 다시 날아갈지
알 수는 없지만
그의 어깨가 흠뻑 젖어 있다

깨알처럼 바스락거리며 달려온 순간들
흰 이를 드러나며 오늘과 내일을 건너갈 파도들

젖은 것이 어디 새의 어깨뿐이랴

일상에 젖고
그리움에 젖고
촉촉한 이야기에 젖고
빗방울이 톡, 톡 튀는 길바닥에 젖고

젖어 있는 것들이 젖는다

젖어 가는 것들이 젖는다

젖지 않은 것들이 젖는다

젖어야 할 것들이 젖는다

멀어져가는 사람들의 발걸음 소리가
길 위의 틈에 젖는다

사람들의 아물지 않은 상처와 한 묶음 슬픔이 젖는
여기는 어디?

새벽에서 걸어 나온 아침이 동그랗다

스피커

길이었어. 길이었던 거야. 그러니까, 그가 태어난 곳도, 자란 곳도, 지금 있는 곳도 길인 거야. 여태껏 살아오면서 그는 마음이 괴로워 길 밖을 벗어나려고도 했었지. 마음이 우울해 길을 떠나 훨훨 날고도 싶었지. 길과 멀리멀리 떨어져 길을 잊으려 발버둥도 쳤었지. 그러나 지금 그는 길 위에 있어. 길 위에. 그러니 그를 찾으려면 멀리 가지마. 길 위로 가. 네가 살면서, 마음이 괴로워 길 밖을 벗어나려고 할 때, 마음이 우울해 길을 떠나 훨훨 날고 싶을 때, 길과 멀리멀리 떨어져 길을 잊으려 발버둥을 칠 때, 그에게 가. 그에게 가. 그가 있는 길로 가. 지금 길 위에 살아있는 것들이 생명의 물을 마시고 있어. 죽어있는 것들이 다시 살아나고 있어. 숨결과 뿌리가 있는 모든 것들이 춤을 추며 흔들리고 있어. 그러니, 길로 가. 길로 가. 어서 가. 그가 있는 길로 가. 어서 가.

3부

기울어가는 수첩

밤은 깊어 가는데,

떠도는 영혼들
어둠에 누워 푸른 잠을 자고

밤은 깊은데 강가의 폐선 하나 기쁨으로 밤을 보내고
밤은 깊은데 바람은 슬픔을 데리고 새벽으로 달려가고
밤은 깊은데 흩어진 것들이 사랑이란 이름으로 뜨고
밤은 깊은데 하루를 살다간 언어들이 속닥거리고
밤은 깊은데 그림자는 어둠 속으로 차츰 파고들고
밤은 깊은데 시집 속 글자는 계속 콩닥거리고
밤은 깊은데 시간의 속도를 아는 이 하나도 없고
밤은 깊은데 새벽은 점점 더 내게로 다가오고
밤은 깊은데 살아 있음을 알리는 물소린 계속 떨어지고
밤은 깊은데 컵 속의 물은 무언으로 흐르고
밤은 깊은데 휴지통 어깨 위에 고요가 알을 낳고
밤은 깊은데 방안의 먼지들은 집 찾아 하나 둘 떠나고
밤은 깊은데 남쪽으로 날아간 딱따구리 가끔 울어대고
밤은 깊은데 기억의 알갱이가 흔적을 남기고

밤은 깊은데 추억을 살다간 이파리들이 가물가물하고
밤은 깊은데 생각의 뿌리는 또 잔뿌리를 낳고
밤은 깊은데 세상의 모든 것들이 흰 눈으로 내리고

나의 밀도

나의 동선을 역주행 해보면
결국, 화초가 있는 곳으로 오는 먼 시간이었다

시의 개념을 분석하기 위한
시 뿌리의 무게를 계량하기 위한
거침없는 호랑이 발톱 같은 몸부림은
어느 날은 천둥과 번개와도 같았다
어느 날은 바람 앞의 들풀과도 같았다

먼 길을 오는 동안,

먹구름이 꽤 많이 지나갔다. 눈 내리는 깊은 밤엔 눈송이들의 짧은 외출을 보았다. 비가 많이 오는 날엔 방바닥에 누워 남쪽으로 날아간 새의 고뇌에 대하여 생각하였다. 편서풍이 많이 부는 날엔 내 곁에 와서 울고 간 층층나무의 눈물에 대하여 생각하였다

폐지 한 장이 길바닥에 나뒹구는 겨울입구,

나는 먼 곳을 보며 계속 길을 걸었다. 건널목을 지났다. 강을 건너기 위해 낑낑대기도 하였고 몰려오는 슬픔을 등에 업고 가파른 언덕을 넘기도 하였다. 먼저 간 김 노인의 얼굴 골골에 새겨진 가을날의 문장을 천천히 읽기도 하고, 들판 저쪽에서 들려오는 성당의 종소리를 듣기도 하였다

한편으로 곰곰이 생각해 보면
참으로 먼 곳에서 이곳까지 왔다

그러니까 결국, 나의 동선을 역주행 해보면

화초가 있는 곳으로 오기까지의
긴 시간의 깊고 푸른 떨림이었다

시추에이션situation

사랑이, 좀처럼 보이지 않던 그가

나에게 온다
살며시 온다
밤낮을 가리지 않고 온다

가까운 곳에서
혹은 먼 곳에서

비 오는 날에 온다
그림자와 함께 온다
전나무 홀로 외로운 오후, 들판에 온다
수돗물 뚝뚝 떨어지는 깊은 밤에 온다
까칠까칠한 살갗을 비비며 온다
푸석푸석한 낙엽으로 온다
때로는 기쁨을 데리고 온다

가을날의 몸짓들은 수평선이 있는 곳으로 멀어져 가고, 차마 떠나지 못한 추억의 알갱이들이 남아 세월의 긴 터널을 뚫고 지나가느라 분주하고, 나는 들판에 홀로 남아 잠자리처럼 윙윙거린다. 보이는 건 뜨거운 여름을 견디며 살아온 마른 들풀뿐. 형용할 수 있는 모든 언어로 세상의 얼굴을 그려보지만 나는 들판을 떠날 수 없다

어찌하랴, 사랑은

가까운 곳에서
혹은 먼 곳에서

슬픔의 강을 건너 자꾸만 내게 달려오는데

가을의 무게를 가득 실은 기차는 저만치서 오고 있는데

세월의 뼈와 살을 기억하는 시간 속 먼지들은
온종일 흩날리는데

나는 나를 읽고 기록한다

세상에 단 하나뿐인 내 몸

신자는 아니지만, 가끔 성당에 가서 무릎 꿇고 기도하는 내 몸

월급 타는 날, 통장을 보며 기쁨과 걱정이 교차하는 내 몸

과음한 다음 날 아침, 걸어오는 봄처럼 스멀스멀 꿈틀거리는 내 몸

가끔은, 살아온 날을 기억하며 후회도 하고 살아갈 날에 대하여 무언의 약속을 하는 내 몸

퇴근 후, 거실에서 시 한 편 정도는 읽고 잠을 자는 내 몸

문학모임에 가서 지인들과 대화를 하면서도 시의 끄트머리가 그리운 내 몸

마음이 부자인 것 같으나 따져보면, 늘 가난한 내 몸

거실의 시간*

토요일 아침, 일곱 시 반쯤, 거실 한복판, 좀 꿈틀대는 시간의 무게가 꽉, 찬다. 들리는 건, 보이는 건, 아무것도 없다. 다만, 살아있는 것들과 죽어가는 것들의 뼈와 살들이 푸 우우, 쉬고 있을 뿐, 시간의 실체가 허옇게 보인다

그러니까 미완성에서 완성으로 가는 저 시간, 때론 잃어버린 흔적을 찾아 방황하는 저 시간, 과거와 미래를 빨아들이는 저 시간, 그는 다만 묵언 수행 중이다. 세상이 너무 넓고 커서 바라보는 것 하나만으로도 감사할 줄 아는 저 시간,

요즘 들어 미풍에도 잘 흔들리는 늙은 단풍나무 이파리, 버스럭버스럭 거리는 낙엽의 스침에 잘 놀라는 고요들, 그들의 짧은 생이 잘 다듬어진 밀어 같다. 눈 깜박이고 머리가 휑할 때마다 상존하는 시간, 기쁨과 슬픔이 교차하며 새로움의 뿌리가 탄생하는 시간,

나무토막처럼 무뚝뚝한 시간이 거실에 빼곡하다

* 문인수 시집 『배꼽』(창비, 2008)을 읽다가 시작.

헬리콥터

남쪽에서 이쪽으로 헬리콥터 한 대가
천천히
저공비행을 하고 있다

쏴아아, 떨어지며 부서지는 물방울처럼
컹컹컹, 그리워 울어대는 짙푸른 은행잎처럼

내 삶의 발바닥에도 바퀴가 달려 굴러가고

행간에 흐르는 붉은 문장의 엷은 울음처럼
듬성듬성 거실바닥 플라스틱 컵에 쌓이는 고요처럼

나를 실은 내 안의 기차 하나가 어디론가 달려가고

언제부터였던가

살아있는 것들은 죽어가는 것들을 위하여
움직이는 것들은 움직이지 않는 것들을 위하여
잎 넓은 저녁은 마음이 가난한 자들을 위하여

허공에서 이동 중인 저 헬리콥터는

보이는 곳에서 보이지 않는 곳으로
사람들이 있는 곳에서 사람들이 없는 들판으로
세상의 가장자리에서 세상의 중심으로

계속해서 가을을 데리고 날아가고

여기는 쉼표

그렁그렁, 포클레인이 심한 파열음을 내는 오후는
밤을 건너온 어제의 그늘이 바깥나들이를 즐기는 오후는
푸른 운동장으로 비행하고자 새 한 마리, 잠시 머문 오후는
찰칵찰칵, 당신의 마음을 읽는 기록이 시간의 종이에 긁히는 오후는

어디에?

이래서는 안 되지, 하고 맹세의 눈을 깜빡이는
아스팔트길의 나이테를 생각하며 다시 짤막한 겨울을 기다리는
어제보다 더 팽팽한 미래를 위해 오늘을 앓는

오후는, 어디에?

여기는 다만,

일요일이 출렁이는 곳
쉼표가 많은 곳

멈춘 호흡 위에 까만 글자들이 팔딱팔딱 뛰어노는 곳

아까부터
신호등을 건너는 살아있는 것의 물방울들이

커졌다가 작아졌다가, 작아졌다가 커졌다가
눈을 떴다가 감았다가, 감았다가 떴다가
빠르게 걷다가 느리게 걷다가, 느리게 걷다가 빠르게 걷다가

여기는, 다만
다만, 여기는

원근

아내가 깎아준 단감을 먹는다

단맛에 내가 푹 빠진다

한 조각 더 먹고 싶다

우주의 공간 속에 점 하나로 머문다는 건

호르는 시간 위에 앉아 단감을 먹는 것과 같은 일이어서
호르는 시간을 늘렸다 좁혔다 하는 것과 같은 일이어서
시를 읽다가
문득 눈에 팍 꽂히는 단어를 발견하는 것과 같은 일이어서

나는 오늘도 책상에 쭈그리고 앉아

컴퓨터 자판을 두드린다
눈을 깜빡깜빡하면서 사유의 세계로 먼 길을 떠난다
생각의 뿌리가 존재하는 집을 찾는다
행간에 흐르는 고딕체 글자의 힘 앞에 나를 내려놓는다

거실 바닥에 앉아 단감을 먹는다는 건

시간의 존재에 감사함을 느끼는 일
사랑하고 미워하는 사람들을 기억의 울타리로 불러들이는 일
걸어온 수평선을 돌아보며 세상을 다만 수평으로 살려고 약속하는 일
어쩌면 내가 스스로 단감이 되어가는 일

보이는 것이 멀어져간다, 보이지 않는 것이 멀어져간다

안단테*

사람이 없는 빈 공원을
고추잠자리처럼
빙빙 돈다

때론,
빙빙 도는 존재 하나 만으로도

살아가는데 폭포가 될 수 있다
살아가는데 기차가 될 수 있다

오늘은, 사람의 모습 전혀 보이지 않고 아무도 없는 쓸쓸한 공원을
혼자 걷는다

통, 통, 통, 통
빗방울들이 떨어진다

우산을 때리는 빗방울들의 파열음이 거세게 울려 퍼지고
마음 한구석엔 지난날 사라졌던 별들이 우두둑 쏟아지고

길바닥 웅덩이엔
태어났다가 짧은 생을 마치는 작은 동심원 형제들이 여기저기 즐비하다

비오는 날, 우산 속은 심한 몸살을 앓고

몸살을 앓는 동안

찰랑찰랑한 시간의 뿌리는 삶의 중심을 마구 후벼 파는데
공원을 윙윙 비행하는 새 한 마리,
그의 입에서 흘러나오는 언어가 슬프다

* 안단테[이탈리아어, andante] 악보에서, 느리게 연주하라는 말.
모데라토와 아디지오의 중간속도로, 걷는 정도의 속도이다.

늙은 운동화

처음엔 탱탱했지만 흐르는 시간을 꺾을 순 없었다. 그 주위엔 햇볕이 내리쬐고 바람은 불지 않았다. 흩어진 먼지가 알을 낳으려 할 때 세상은 불협화음으로 아수라장이었다

어깨 위에 잃어버린 기억들이 바람을 타고 왔다. 살아 있는 것들은 죄다 세상의 중심으로 파고들었다. 내가 할 수 있는 건 휘어져 가는 몸통을 바라보는 것일 뿐

긴 生을 끌고 온 손등이 쭈글쭈글했다. 먼 길을 달려온 잔털들이 아프다. 바깥으로 흩어졌던 빛과 뼈들이 집중한다. 어둠 속으로 달려가던 조각들이 시간의 수평선 위에 다시 모였다

어둠이 빛을 발산한다

명사로 읽히고 적힌,

지울 수 없는 것들이

천천히, 흘러간다
거룩하다
깊다, 다시 깊다

처음, 너와 나는 나무껍질로 혹은 물방울로 작게 태어나서

사는 동안, 무엇으로 읽힌다
무엇으로 적힌다
원하든 그렇지 않든 어쩔 수 없다
그 무엇으로 읽히고 적힌다

살아있는 모든 것은 시가 될 수 있다
흘러가는 모든 것이 물이 될 수는 없다
깊어가는 모든 것이 고요가 될 수는 없다

당신과 나는 끝없는 수평선을 걸으면서

새털구름을 자주 보았다
슬픔 속으로 걸어가는 바람의 등을 바라본 적이 있다
눈물을 닦아주는 층층나무의 잔가지를 바라본 적이 있다

유난히도 싸락눈이 많이 내리던 저녁 무렵
우리, 라는 명사로 읽히고 적힌

당신과 나의
직립의 길, 언어, 몸짓, 뿌리여

그리고 선명하게 찍힌 발자국들

고백告白

이제부터 나는 너를
기쁨, 이라 부르겠다

저녁이 차츰 몰려오는 길가에
물색 바람이 인다
바람의 소리가 빽빽하다

바람이, 여기까지 오는 동안
별들도 많이 울었겠지

봄이 가고, 여름이 가고
가을겨울가을여름봄여름가을겨울가을여름봄여름가을겨울
가을여름봄 여름 가을 겨울이 가고, 다시 봄이 가고

기쁨아, 너는
무엇으로 태어나 그 무엇으로 스러지고
무엇으로 자라서 그 무엇으로 기억되고

살아있는 너의 살과 뼈들이 잔가지 아래로 흩어지나니

세상은
초롱초롱하고 통통 튀는 물방울들로 가득하고

방울방울물방울방울방울물방울방울방울물방울방울방울물방울*
물방울물방울들이 있어 더욱 찬란하리니

나는 너에게

오직 하나뿐인 순백의 손등이 되고자
강물에 뜬 한 척의 배가 되고자

* 김기택 시집 『갈라진다 갈라진다』 「거품」에서 변용.

1월 24일

아내가 끓인 터진 만둣국을 홀짝홀짝 먹으며 여러 번 까르르 웃은,

딸, 아영이가 튕기는 피아노 소리에 온몸이 푹 빠진,

거실의 밥상 위에 놓인 1개의 사과, 말라비틀어진 사과껍질, 식도, 숟가락, 포크, 접시 위의 젓갈 하나, 빈 요구르트병, 구겨진 종이 한 장이 도란도란한,

아들 용헌 이가 다닥다닥, 컴퓨터 자판 신 나게 두들기는 소리 들리는,

보이지 않는 기쁨의 먼지들이 거실바닥에 차곡차곡 쌓이는,

까칠한 기억의 무게만큼 나를 끌고 가는 무형無形의 힘이 느껴지는,

존재하는 것들과 하느님에게 잠시 감사하는 마음이 핏속에 흐르는,

장마 지나간 하루

나는 직립한다

누군가 날 보고 있다. 누군가 나의 이동 경로를 알고 있다. 누군가 날 껴안는다. 누군가 내가 좋아하는 계절을 안다. 누군가 나와 동행한다

나는 너와 연결된다
나는 오후의 중심에 서 있다

벽과 벽 사이
경계와 경계 사이
건물과 건물 사이
건널 수 없는 땅과 땅 사이

크고 작은 나무들이 움직이면서 나를 제어한다. 뚫을 수 없는 두려움이 먹구름이 되어 몰려온다. 장마는 지나가고

드디어, 빛이 새로운 탄생을 경험할 때, 나는 가 닿을 수 있는 땅을 보았다. 네가 건널목에 한참 서 있는 동안, 나는 햇살의 고마움을 깨닫고 있었다

4부

푸른 로터리

그러니까 나는 바람을 등에 업고 한 점으로 서 있는 거다
그러니까 나는, 한 점으로 서서
먼 미래를
검은 아스팔트 위에 손가락으로 그려보는 거다

로터리에 짤막한 별들이 내려온다

음표가 모여 악보가 될 때
몸이 작은 새가 안단테로 비행할 때

움직이는 것들이 한 움큼의 햇살 사이를 지나가고
사유의 긴 그림자가 슈퍼 건물 모퉁이를 바라보고

돌아보면

우리는 참으로 먼 곳에서 이곳까지 왔다
눈이 펑펑 내리는 긴긴 겨울날에
길 건너 유리창은
봄처럼 따스한 머리카락을 무척 기다렸다

당신은 마음속 흰 종이 위에
검은 연필로 서쪽으로 흐르는 시간의 옆구리를 그리곤 했다

이제 나는
기억의 이곳에서

길 건너 사각 유리창을 본다

당신이 지나간 반 흘림체 흔적을 따라 걷는다

흐르는 물 위에 오른손을 얹어본다

흐르는 물살을 보며 깊은 강이 된다

평생을 울어도 될 수 없는 푸른 로터리, 나는 그에게로 화살표 하나를 데리고 간다

땅을 위한 이중주

시간의 속도 위에 땅이 누워있다

슬픈 가로등의 눈물 속엔 무언가가 있을 거다
뾰족한 돌의 아픔 속엔 무언가가 있을 거다

들판은 하, 고요한데

사람들 발걸음 소리가 쿵쿵, 잠자는 땅을 깨운다
수평과 수직이, 직선과 곡선이 만나고 헤어진다
너와 나의 틈 사이로 바람이 휙, 지나가고 땅이 휘어진다
땅의 한가운데로 말없이 소리가 흐른다

내가 살아있다는 건

내가 살아간다는 건

가 닿지 않은 생명의 땅에
빗줄기처럼 선명한 흔적을 남기고 싶은 까닭이다

나는 오늘 하루를 보내며, 슬픈 가로등의 눈물 속 무언가를 생각해 본다. 뾰족한 돌의 아픔 속 무언가를 생각해 본다. 땅의 한가운데로 말없이 흐르는 소리가 또 다른 소리를 낳고

나는 소리가 남긴 단 한 줄의 문장도 읽을 수 없다
나는 소리가 남긴 단 하나의 무늬도 해석할 수 없다

어쩌지?

새들은 9월의 숲 속으로 날아가는데,
내 삶은 아직 여물지 않은 까닭이겠지

땅이 흔들린다
땅이 휘어진다

풀

이 밤, 세상 살아가는 데 필요한 한 모금 찬물이 될 수 있다면

뜨거운 여름날, 막 퍼붓는 그야말로 시원한 소낙비가 될 수 있다면

비 오는 날, 오지 않는 버스를 기다리며 안타까워하고 있는 사람에게 한 대의 버스가 될 수 있다면

먹구름이 몰려오는 날, 우울한 마음의 비를 막아줄 수 있는 우산이 될 수 있다면

누군가 슬피 울고 있을 때, 그 울음을 딱 멈출 수 있도록 산소 같은 말을 해주는 젊은 시인이 될 수 있다면

고구마가 따끈하게 익어가는 겨울날, 멀리 있는 봄을 기다릴 줄 아는 자작나무가 될 수 있다면

바람 불고 몹시 허전한 날, 마음 한구석에 기쁨으로 펑펑 내리는 순백의 눈雪이 될 수 있다면

햇살 쨍한 날, 마음이 가난한 사람에게 부자가 될 수 있도록 한 줌 흙이 될 수 있다면

식당에서, 배고픈 사람에게 마음껏 먹을 수 있는 흰 쌀밥이 될 수 있다면

그리운 사람이 미치도록 보고 싶을 때, 편지를 쓸 수 있는 짤막한 몽당연필이 될 수 있다면

뿌리

내 안의 추억들은 자작나무 잔가지처럼
가끔 흔들린다

내 안의 이파리들은 차마 그윽하여 깊은 밤, 늪에서도
가끔 흔들린다

추억들과 이파리들이 때때로 흔들리는 건

좀 어린 내가 콩나물 자라듯 차츰 커 간다는 것
무의식에서 의식으로의 짧은 외출이 탄생한다는 것
무언가를 생각하고 그 생각의 깊이를 재고 싶다는 것
누군가를 보내고 누군가에게 편지를 한 장 쓴다는 것
생각의 잔뿌리가 자라 터널을 빠져나간다는 것
어둠속으로 빨려 들어가는 고요가 순백의 알을 낳는다는 것

오늘의 나는 어제의 내가 아니듯이
나는
흔들리고 흔들린다

세상을 움직이는 무언가에 끌려가면서 세상의 중심을 파먹으며 늙어가는 바람의 손처럼 나도 누군가의 손이 되고픈 날,

세상을 향한 나의 기억과 햇살과 뜨거움과 조각들이 하나가 되기 위해 파도처럼 몸부림치고 싶은 날,

미완성 현재진행형인 나의 잔뿌리들은
우주의 중심으로 흔들리고 흔들리는 것임을

삽살개가 컹컹 우는 밤

칼끝 같은 바람이
나무껍질을 세차게 때리는 밤, 이다

사랑이여, 여기는

물방울이 홀로 깊어가며 뚝뚝 떨어지는
책 속에 박혀 있던 글자들이
몸 밖으로 튀어나와 신이 나게 유영하는
당신의 모습이 시간의 속도만큼 빠르게 지나가는

누구도 붙잡을 수 없는 미완성의 밤, 이다

오늘 하루,

마른 풀잎은 왜 쉬지 않고 달달 떨었을까
추억의 잔뿌리는 왜 저녁의 품으로 걸어갔을까

꿈틀거리는 것이 시간의 틈 속으로 차츰 파고들 땐

당신이 구름 뒤에서 이쪽으로 걸어오겠다
세월의 등을 쫓아가던 새가 길을 잃겠다

모든 걸 떠나보내며 기다리며
푸른 새벽을 향해 어두운 밤을 뚫고 가는 여긴

눈동자가 푸른, 칼바람 이는, 침묵의 집으로 가는, 사랑의 변두리가 그리운, 문밖 삽살개가 컹컹 울어대는 밤

휘발성 계절

너는 나에게 온다
나는 너에게 간다

긴 세월을, 우리는

뜨거운 여름처럼
겨울날 화로처럼

무엇이 되고자 한다
무엇이 되어
깊숙이 파고들고자 한다

살아있다는 것은 뜨거움을 확인해 주는 유일한 증거다. 살아간다는 것은 또 하나의 삶을 이어주는 밧줄이다. 모든 죽어가는 것들을 위하여, 모든 살아있는 것들을 위하여 너와 나의 몸은 송두리째 휘발된다

너와 나의 몸에 있는 크고 작은 뿌리들이 자라는 사이,

잔바람이 골목을 빠져나간다

늙은 이파리들이 땅으로 떨어진다

세월의 파편들이 부르르 떨고 있다

시간의 강물 위에
세상의 무게를 실은 통통배 하나 떠 있다

흙이, 흙이 되는 데에는
최소한의 휘발이 필요할 것이다

김수영 시인을 생각하는 길

먼 옛날, 김수영 시인을 생각하며 걷는 길

맴맴 맴 맴맴 맴

한바탕 울어대는 매미의 절규
그 절규 너머의 바깥이 궁금하다

살아있는 것과 죽은 것 사이
그 안에 존재하는
수많은 울음, 울음 방울들

중요한 건, 울음의 각도와 방식

길 위에 직립하는 모든 흔들리는 것들이
길 위에 직립하는 모든 곡선과 직선이

운다
울고 있다
울음을 준비하고 있다

몸에 물기가 없는 지렁이 한 마리,
생의 뼈마디가 비틀리며 최후를 맞이하고
배고픈 새는
아침을 먹으려고 배를 움켜쥐며 비행한다

목숨이 존재하는 곳에
매미의 절규 속에
다시 잉태하는 울음 방울들

매미처럼 한바탕 울고 싶은 날

존재와 비존재의 틈이 없다
세상이 없다

기억의 저편에 흐르는 것이 있다

성경책 위에 낡은 안경 하나,

침묵 속으로 푸른 별 하나 데리고 간다
고단한 하루를 끌고 간다

언제부턴가
생략법의 이름으로 불리는 목소리다
그는,

단 하나의 자연스러움에 젖어가는 바퀴이며
수평선에 흐르는 고요의 외침이고
사랑하는 이의 가슴에 파고드는 뼈다

나는 살아오면서,

흔들리는 계단을 오르지 않을 수 없었다
마음속에 자라는 자존심을 꺾지 않을 수 없었다
길 위에 펼쳐지는 눈부신 풍경 속으로
걸어가는 풀잎을 바라보지 않을 수 없었다

성경책 위에
낡은 안경 하나,

그가 그의 문체로 휘어지고 있다
그가 그의 리듬으로 걷고 있다
그가 그의 문장을 빨갛게 채우고 있다

기억의 저편에 흐르는 무엇이 있다. 어둠이 밤의 터널로 호미 하나를 들고 걸어간다. 흔들리며 살아가는 잔털들이 세월의 모서리에 앉아 다만 깊어간다. 너와 나는 하루를 걸으며 길 건너 새벽의 등을 바라본다. 우리는 서로 터치하며, 터치하며 하루를, 다시 하루를,

가로등 시작법

그때 너는, 거기에 있었다
그때 너는, 남쪽 하늘을 그리워하였다
그때 너는, 미지의 세계로 비행할 꿈을 꾸고 있었다

오래된 풍경들과 낡은 껍질들이 깊어가는 밤

밤이
적막 속으로 푹푹 빠지고 있을 때

너는, 세월의 끝자락에 있었다
너는, 가슴에 파고드는 흰 파도였다
너는, 천천히 빨려 들어가는 빗물이었다

너를 바라보는
그 순간에

아파트 옥상의 달은 꽤 높았다

바람은 점점 차갑게 불었다

주전자 속 맹물은 팔팔 끓고 있었다

마른 풀들은 겨울을 떠나보내고 있었다

하루를 총총히 건너온 그림자들이
길바닥에 누워 드르렁드르렁 잠을 자는

깊고 푸른 밤

얼굴들

건널목에 섰다. 파란불이 켜지자 사람들이 동전 떨어지듯 와르르 지나간다. 잠시 후 걸어가는 남녀 뒷모습을 본다. 데이트하는 것 같다. 남녀가 서로 얼굴을 쳐다보며 골목으로 연기처럼 사라진다

단골 구두점 앞을 지나간다. 가게 안엔 휴일인데도 손님이 없다. 주인이 가게 밖에 나와 하품을 한다. 내가 지나가면서 인사를 하니 주인이 씨익, 웃는다. 시간의 여백에 그림자가 채워진다

길바닥을 본다. 쓸쓸해 보인다. 세상을 살면서 크고 작은 풍파를 견디어 낸 길바닥이 불쌍해 보인다. 길바닥을 밟으며 봄이 되고자 한 나의 흔적을 샅샅이 훑는다. 나는 봄으로 간다

밤이 깊어간다. 거리는 한창 살아있는 관념들이 이글거리고 고단한 하루는 어둠에 묻혀 늦가을로 탕! 탕! 탕! 익어가는 중, 나는 서둘러 집으로 가는데 등 뒤로 흐르는 침묵이 도시의 밤을 흔든다

제3악장

희미한 불빛이 가끔 기쁨의 연기처럼 보이는 나의 집

달그락달그락
부엌에서 밥그릇을 씻는 동안, 불규칙 2박자의 음표가 왈츠처럼 되는 집

내가 사는 집, 나의 집

가랑비가 새록새록 여름 안단테로 슬피 울 때, 그 소리를 가만가만 듣는 집

도서관 혹은 서점에서 시집을 반흘림체로 읽다가 지친 몸을 끌고 아파트 초인종을 누를 때 나를 반겨주는 집

나의 작은 꿈이 이른 새벽부터 늦은 밤까지 자라는 집

초여름의 유리창으로 들어가려고 몸의 오른쪽이 미세하게 흔들리는 베란다 옆 화초가 있는 집

나의 집, 내가 사는 집

삶의 잔털들이 물을 먹으며 콩나물처럼 크는 집

결코 나를 잃지 않겠노라고 늦은 밤 불면하며 맹세하던 집

사유할 수 있는 뿌리와 뼈와 살이 틈과 틈 사이에 살고 있는 집

흩어진 구름과 독해되지 않은 내재율이 찾아오기도 하는 집

풀리지 않은 한 움큼의 피로가 눕고 일어나는 집

하루가 역사가 되어 기록되고 읽히고 기억되는 집

안간힘을 쓰며 제집을 짓는 푸른 거미가 사는 집

살아있는 것들의 무게가 물방울이 되어 뚝, 낙하하는 집

긴 어둠을 뚫고 바닷가로 달리는 기찻길이 보이는 집

내가 사는 나의 집, 나의 작은 집

그림자는 늘 움직인다

넘어야 할 벽이 있다
뚫어야 할 벽이 있다

너는 기쁨과 슬픔을 먹고 자라면서, 발걸음은 무거웠지만, 마음은 항상 후련했다

수도꼭지에서 물이 콸콸 쏟아진다

땅바닥에 밤 한 톨이 툭 떨어진다

살아있는 모든 것들이 고요와 적막 위에 푹푹 쌓인다

너는 가던 길을 멈출 수 없다
나는 너를 기억하지 않을 수 없다

오늘의 긴 강을 건너야 할 우리
내일의 튼튼한 집을 껴안아야 할 우리

너와 나의

푸른 눈동자 앞에

넘어야 할 벽이 하나 있다
뚫어야 할 벽이 하나 있다

스타카토*

살금살금 징검다리 건너듯
하루를 총총히 살아가는 플라타너스 이파리들

바람이 불자, 한쪽으로 막 쏠린다

우주의 한 지점에서 다른 지점으로 옮겨가는,
옮겨가서도 기꺼이
푸른 생을 끌고 가려는 발톱 같은 저 몸부림

여태껏 살아오면서

저 이파리들은 얼마나 흔들렸을까
앞으로 얼마나 더 흔들려야 할까

다소 궁금한 생각의 잔뿌리가
허공을 휙, 휙 뚫으며 지나간다

가끔 길바닥에 몸이 마른 플라타너스 이파리들이 있다
그들이 한 생을 마감하기까지는

깜깜한 밤에도 편서풍은 계속 불었을 것이다

그 이파리들이 바람에
흔들흔들 흔들
흔들리면서 먼 길을 떠나왔을 것이다

겨울이 오려는지, 플라타너스 이파리 저편에서 불어오는 바람의 손끝이여!

* 스타카토[이탈리아어, staccato] 〈음악〉 악보에서, 한 음 한 음 씩 또렷하게 끊는 듯이 연주하라는 말.

■ 작품 해설

세계에 대한 성찰의 문장들

— 살아있는 모든 것은 시가 될 수 있다

최해돈

— 허형만(시인, 목포대 명예교수)

■ 작품 해설

세계에 대한 성찰의 문장들

— 살아있는 모든 것은 시가 될 수 있다

최해돈

허형만 (시인, 목포대 명예교수)

최해돈 시인의 이번 시집 『일요일의 문장들』은 『밤에 온 편지』 『기다림으로 따스했던 우리는 가고 』 『아침 6시 45분』에 이어 네 번째 시집이 된다. 2010년에 등단하여 이만큼 왕성한 작품 활동을 보여주고 있다는 사실은 시인의 시정신이 얼마나 치열한가를 반증하는 셈이 될 터. 그의 시집을 읽으면서 나는 적어도 한 삶이 이토록 처절하면 마침내 어떠한 모습으로든 시적 성취가 이루어지지 않을 수 없으리라 믿게 되었다.

최해돈 시인의 시집 『아침 6시 45분』(2012, 도서출판 지혜)에서 나는 최해돈 시인을 한 마디로 '생명의 시인' 이라고 불렀다. 왜냐하면 시가 우주와의 소통, 우주의 숨결에 의해 써진다는 사실을 가장 잘 알고 있는 요 근래 보기 드문 서정의 깊이를 잘 보여주고 있다고 보았기 때문이다. 그 당시 내가 최해돈 시인에게서 배운 것은 특히 플라타너스를 통한 명상이었다. 플라타너스의 숨결을 흘림체로 읽거나, 떨리는 모습이 마치 멸치 떼의 외출 같다거나, 깊어가면서 잎 넓은 그늘을 만든다는 그만의 언령言靈이 나로 하여금 또 다른 우주의 신비를 일깨워줌에 대한 명상이었다.

그 후 2년이 지난 지금, 최해돈 시인은 세계에 대한 더욱 깊어진 성찰의 문장들을 우리에게 새로이 보여주고 있다.

> 미풍에 흔들리는 나뭇가지의 떨림에 대하여 생각하였다
>
> 담벼락에 사는 벽돌의 나이에 대하여 생각하였다
>
> 걸어오는 봄의 머리카락에 대하여 생각하였다
>
> 빠르게 지나가는 자동차 행렬의 속도에 대하여 생각하였다
>
> 적색 신호등이 살아있는 시간에 대하여 생각하였다
>
> 온종일 비행하는 먼지의 행방에 대하여 생각하였다
>
> 쓸쓸히 멀어져가는 사람들의 뒷모습에 대하여 생각하였다
>
> 까만 볼펜 뚜껑의 삶에 대하여 생각하였다
>
> 주고받은 언어들의 동그란 모양에 대하여 생각하였다

굴러가다 멈춘 바퀴들의 그늘에 대하여 생각하였다

도서관 2층과 3층 사이, 계단의 묵언에 대하여 생각하였다

방으로 들어오는 빛의 따스함에 대하여 생각하였다

여백을 채우는 사각 유리창에 대하여 생각하였다

시집 속에 누운 바탕체 작은 글씨에 대하여 생각하였다

쉼 없이 부는 바람의 성실함에 대하여 생각하였다

플라스틱 의자의 간절한 기다림에 대하여 생각하였다

먼 길을 동행하는 어머니의 거친 손등에 대하여 생각하였다

서랍 속에서 잠자는 어둠에 대하여 생각하였다

평행으로 흐르는 시간의 고마움에 대하여 생각하였다

허공에도 무늬가 있다는 신뢰에 대하여 생각하였다

종이컵에 떨어지는 탱탱한 물방울에 대하여 생각하였다

바깥나들이를 마치고 돌아오는 운동화 끈에 대하여 생각하였다

신문에 박혀있는 소설가의 흑백사진에 대하여 생각하였다

푸른 저녁으로 지친 나를 데리고 가는 안경테에 대하여 생각하였다

말없이 기울어가는 계절의 안타까움에 대하여 생각하였다

일요일이 일요일 수박에 없는 처지에 대하여 생각하였다

—「일요일의 문장들」 전문

최해돈 시인의 시집 표제작인 이 작품은 시인으로서의 사유의 폭과 깊이를 잘 보여주고 있다. 한 행이 한 연을 이루게끔 배치시키면서 행과 행 사이 속으로 독자를 끌고 들어가는 사유의 힘은 그 사유를 시인 혼자 품기엔 아깝다는 속내를 보여주는 면도 없지 않아 시인과 독자가 하나 되는 데 주저함이 없다. 총 26행의 문장들, 그렇다. 바로 이 '문장들'은 모두 한결같이 "~에 대하여 생각하였다"는 과거형의 구조로 이루어져 있다. 그러나 이 문장들을 곰곰이 되씹으면 되씹을수록 과거의 상황 또는 사유에서 그치고 마는 것이 아니라 현재에도 진행되고 있는 묘한 감정을 갖게 한다.

그러면 이제 우리는 몇 가지로 묶어 그 사유의 폭과 깊이로 들어가 보기로 하자. 먼저 "미풍에 흔들리는 나뭇가지의 떨림", "걸어오는 봄의 머리카락", "방으로 들어오는 빛의 따스함", "쉼 없이 부는 바람의 성실함" 등 '자연'에 대한 생각이다. 이들은 모두 생명을 갖고 있다는 점에서, 그리고 "빛이 새로운 탄생을 경험할 때, 나는 가 닿을 수 있는 땅을 보았다. 네가 건널목에 한참 서 있는 동안, 나는 햇살의 고마움을 깨닫고 있었다"(「장마 지나간 하루」)고 고백하고 있음을 보아서도, 시인의 생명의식이 강하게 읽히는 대목이다. 다음으로 '사물'에 대한 사유이다. "담벼락에 사는 벽돌의 나이", "까만 볼펜 뚜껑의 삶", "도서관 2층과 3층 사이, 계단의 묵언", "여백을 채우는 사각 유리창", "플라스틱 의자의 간절한 기다림", "종이컵에 떨어지는 탱탱한 물방울", "빠르게 지나가는 자동차 행렬의 속도"와 "적색 신호등이 살아있는 시간" 그리고 "굴러가다 멈춘 바퀴들의 그늘" 등은 모두 시인의 세밀한 통찰력에 결과한 사유이다. 마지막으로 "쓸쓸히 멀어져가는 사람들의 뒷모습", "먼 길을 동행하는 어머니의 거친 손등", "바깥나들이를 마치고 돌아오는 운동화 끈", "신문에 박혀있는 소설가의 흑백사진", "푸른 저녁으로 지친 나를 데리고 가는 안경테" 등은 타자와 자신에 대한 성찰로써 또 다른 발견의 미학이다.

이처럼 일요일 하루의 "~에 대하여 생각"한 사유로는 많은 분량일 수도 없지 않으나 또 어찌 보면 자연, 사물, 사람에 대하여 그만큼 사유의 폭과 깊이가 다양하고 넓다는 반증일 수 있거나 아니면 일요일마다의 사유들이 한 그릇에 담겨 각각의 빛을 발하고 있다고 볼 수 있겠다.

밖이 춥다, 날씨는 한파주의보

눈이 온 길바닥을 밟으며 간다
눈이 한창 녹는다

길바닥에
잔설殘雪이 있는 곳과 없는 곳의 경계가 분명하다
눈이 녹으면서 생긴 이 경계도
먼 시간부터 유有와 무無 사이를 넘나들며
꽤 오랜 시간 기쁨과 슬픔이 교차했으리라

길바닥에 생긴 경계는 곡선형이 많다

타원형도 있고 아주 드물게 짧은 작선형도 있다
세상에 존재하는 경계가
빠르게 또는 서서히 태어나기도 하고 사라지기도 한다
잔설이 다 녹으려면 한 열흘은 더 걸릴 거다

길바닥의 살갗이 바람에 한 겹씩 벗겨지는 날이다
날씨는 계속, 한파주의보

낡은 경계가 새로운 경계를 낳고 있다
오래된 슬픔들이 쩍쩍 갈라지고 있다

—「잔설殘雪」 전문

잔설殘雪은 문자 그대로 녹다 남은 눈이기도 하고, 봄이 되어도 남아있는 눈을 일컫는다. 이 잔설을 통해 시인은 "있는 곳과 없는 곳의 경계"를 본다. "눈이 녹으면서 생긴" 이 경계가 "분명하다"고 확신하는 시인의 사유는 자기 각성의 세계에 다름 아니다. 그리하여 시인은 자기 각성을 "유有와 무無" "기쁨과 슬픔"으로 확대시키면서 세상의 존재를 동시에 드러내고자 의도한다. 나아가 한파주의보가 예보된 날, 눈이 온 길바닥을 밟으며 걸어가는 시인에게 보이는 것은 "눈이 한창 녹는" 광경이지만, 실은 "녹는"이라는 현재진행형의 현상에 있지 않고 아직 덜 녹은 눈과 완전히 녹아 없어진 그 "경계"에 초점을 맞추고 있는 것으로 보아 분명 시인에게는 "세상에 존재하는 경계"가 과연 무엇인가를 탐구하려 하는 정신을 우리에게 보여주고자 한다.

그 경계가 비록 "빠르게 또는 서서히 태어나기도 하고 사라지기도 하" 지만, 시인의 자기 성찰의 세계는 결국 "낡은 경계가 새로운 경계를 낳고 있다"는 데에 있다. 그렇다면 "낡은 경계"와 "새로운 경계"란 무엇을 상징하는가. 이것은 곧 세상에 존재하는 모든 경계는 삶과 죽음, 죽음과 삶이라는 우주 변환의 경계와 통합을 암시하는 건 아닐까. 원형론적 입장에서 보면 겨울이 인생의 국면에서는 사멸死滅에 해당하지만 "살아있는 것과 죽은 것 사이/그 안에 존재하는/수많은 울음, 울음 방울들"(「김수영 시인을 생각하는 길」)에 의해 시인은 "오래된 슬픔들이 쩍쩍 갈라지고 있다"고 함으로써 이 겨울이 지나면 장차 '봄'이 멀지 않다는 의미까지 확장하고 있다. 그리하여 마침내 "존재와 비존재의 틈이 없다"(「김수영 시인을 생각하는 길」)는 인식에 이른다. 그렇다면 이러한 의미의 확장은 과연 어떻게 변용되는가. 다음 작품을 보자.

별이 밤하늘을 건너가는데
꼬박 3년이 걸린다

떠난 당신을 기다리는 잎이 마른 겨울 창가에
흰 눈이
그칠 줄을 모른다

돌아서면 흩날릴 것 같은 시간들
언제나 제자리에서 맴돌던 순간들

안과 밖에 새로운 형체의 문장이 태어나고 죽어간다 살고자 하는 몸짓들이 허공에 파고들며 파닥거린다 어제를 건너온 바람의 뼈가 차츰 왼쪽으로 휘어진다

읽을 수 있는 책들
쓸 수 있는 까만 볼펜들
지나간 날을 볼 수 있는 달력들
담을 수 있는 봉투들

너를 기억하는 틈 속에, 가슴 검은 새 한 마리가 운다
너를 기억하는 수도꼭지에, 물이 성난 듯이 콸콸 쏟아진다
너를 기억하는 길모퉁이에, 뿌연 먼지가 날린다

너를 기억하는,
세월의 길바닥에 온종일 기쁨의 조각은 쌓이는데

길 위에, 짧은 문장 하나가 발을 동동 구르는, 배부른 저녁이 찐 감자처럼 푹푹 익어가는,

—「겨울 강」 전문

시 속에서 의미들이 독립되어 나타나지 않고 상호 간섭하면서 나타나는 것은 현대시의 특징이다. 의미와 감정이 다소 유리된 듯 보이는 이 시는 겨울이 갖는 원형성을 완전히 뒤엎는 정서은유emotive metaphor로 시인의 내면적 감정을 드러내 보여주고

있다. 시 제목이 「겨울 강」인데, 2연의 "겨울 창가"와 "흰 눈이/그칠 줄을 모른다"는 공간적, 시간적 배경을 제외하곤 이 시의 어디에도 '겨울'이나 '강'에 대해 어떠한 이미지도 겉으로 표출시키지 않고 있다. 그 이유는 무엇인가. 삶과 감각을 마비시키는 '겨울'과 그 겨울이 가져다 준 망각과 결빙의 '강'이 하나로 묶여졌을 때, 시인에게는 "별이 밤하늘을 건너가는데/꼬박 3년이 걸린다"는 비장미로 내면적 감정을 드러내는 일 외에는 달리 다른 방법이 없을 터이기 때문이다.

겨울 강은 겨울이기에 비로소 "돌아서면 흩날릴 것 같은 시간들/언제나 제자리에서 맴돌던 순간들"을 떠올리고 자신의 내면을 들여다본다. 그리하여 "안과 밖에 새로운 형체의 문장이 태어나고 죽어간다"는 사실을 발견한다. 여기에서 우리가 주목하는 것은 '안/밖', '태어남/죽어감' 이라는 경계의식이다. 물론 이 경계의 한가운데에는 "새로운 형체의 문장"이 있음을 간과해서는 안 된다. 이 시의 마지막 부분에서 "새로운 형체의 문장" 중 "짧은 문장 하나가 발을 동동 구르"기도 하지만, 태어나고 죽어가는 '문장' 덕분에 모든 경계들은 마침내 하나로 통합된다. 왜냐하면 강이 기억하는 모든 촉수 속에는, 심지어 "어제를 건너온 바람의 뼈"에까지도 존재하는 "너"는 곧 '나'에 다름 아니기 때문이다. 그 증거는 '앞'과 '뒤'의 가운데에 "직설법 문장"이 자리하거나(「그들의 직설법」), 사람들 가슴에 생긴 "빈방이 모여 들판을" 이룬 (「빈방」) '비어있음'과 '충만함'이 다르지 않다는 시인의 사상, 나아가 "너는 나를 위하여/깊어가고/나는 너를 위하여/깊어가고"(「새벽은 현재진행형」) 있으며, "너는 나에게" "나는 너에게" 각각 오고 가는(「휘발성 계절)」 일체감에서다. 이처럼 최해돈 시인만이 보여줄 수 있는 문장들, 즉 경계의 '너머/넘어' 를 통찰하고 "넘어야 할 벽"과 "뚫어야 할 벽"이 있음(「그림자는 늘 움직인다」)을 분명히 인식하고 있는 이번 시집의 문장 속에서 우리는 놀라운 경험을 발견하게 된다. 그것은 "뼈"와 "뿔"을 상징으로 한 시인의 올곧은 시정신이다.

뼈가, 바깥을 품는 뼈가 되는 데에는
뼈가, 좀 더 안쪽으로 파고드는 튼실한 뼈가 되는 데에는

별들도 불면의 아픔을 여러 번 견뎌야 했다

뼈는 태어나자마자
뼈가 되고자
처음, 물방울을 보았다

뼈가, 하나의 뼈가 되는 사이

정직한 계절은 자주 외출을 했고
텅 빈 가을날에 편서풍은 꽤 불었으며
건널목 옆, 온종일 서 있는 어린 은행나무는
나이를 자꾸 먹어 어른으로 성장했다

뼈, 그는

외로움을 견딜 줄 아는 한 묶음의 고요였다
기쁨과 슬픔을 비비는데 필요한 빈 그릇이었다
더는 가난하지 않은 먼 종소리였다

나는 새로운 뼈가 되고자 아침을 맞는다
당신은 새로운 뼈가 되고자 아침을 맞는다

당신과 나는

뼈, 뼈가 되고자
흔들리며 휘어지며 차츰 기울어가는 그림자를 본다

언제나 바깥인 우리를 따스한 안쪽이 되게 하는
먼 길을 데굴데굴 잘도 굴러가는 성실한 바퀴 같은
때로는, 길바닥에 나뒹구는 낙엽의 손등 같은

뼈,
뼈,
그 뼈가 되고자 우리는

—「뼈」 전문

국어사전에 의하면 뼈는 네 가지 뜻으로 풀이되고 있는데, 첫째는 척추동물의 힘살 속에 싸여 동물의 몸을 지탱하는 물질로

체형을 이루어 내부의 연한 기관을 보호하는 것, 둘째는 물건의 속에 단단히 굳어있는 부분, 셋째는 중심이나 핵심, 넷째는 속뜻, 즉 저의를 나타낸다. 따라서 문학작품에서 뼈는 강한 의지나 신념을 상징하거나 인간 육체의 환유적 수사로 원용되기도 한다. 또한 뼈는 죽음을 통해서 비로소 도달하게 되는 인간 존재의 가장 깊은 심연을 의미하기도 한다. 그러면 최해돈 시인에게 있어서 뼈는 어떤 의미를 갖는가.

먼저, "뼈는 태어나자마자/뼈가 되고자/처음, 물방울을 보았다" 고 했다. 뼈의 시원은 바로 "물방울" 인 셈이다. 왜 하필이면 물방울인가. 그 이유는 말할 것도 없이 우주의 근원, 생명 탄생의 존재, 나아가 가장 원초적인 모성을 상징하기 때문일 터이다. "태어나자마자" 뼈가 물방울을 보았다는 표현은 그래서 프로이트에 의하면 '물=탄생' 의 공식에 부합된다. 그리고 "뼈가, 뼈가 되는 데에는" 고통과 인내의 시간이 필요한지라 "별들도 불면의 아픔을 여러 번" 견디지 않으면 안 되었다는 사실을 강조한다. "별" 은 여기에서 고통과 인내를 통해 획득되는 심오한 인식과 순정한 자아의 표상이다.

다음으로, "뼈가, 하나의 뼈가 되는 사이" 의 시간의 경과성이다. 즉 자연계의 변화와 함께 뼈도 뼈로 굳어간다는 의미다. "자주 외출을" 한 "계절", "편서풍" 이 꽤 불었던 "가을날", 그리고 "어린 은행나무" 가 "어른으로 성장" 한 시간의 경과가 뼈를 뼈이게 한 공동 협조자로 인식함에서다. 그리하여 마침내 뼈는 "외로움을 견딜 줄 아는 한 묶음의 고요" 로, "기쁨과 슬픔을 비비는데 필요한 빈 그릇" 으로, "더는 가난하지 않은 먼 종소리"

로 완성되어가는, 그 비의를 시인은 찾아냈다.

마지막으로, 이렇게 완성된 뼈를 통해 또다시 "새로운 뼈가 되고자" 하는 시인의 결연한 의지를 보여주고 있다는 점이다. 그 의지의 표상은 "아침" 으로 환유된다. 그런데 여기에서 이 의지가 "나" 혼자에서 그치는 게 아니라 "당신", 나아가 "나" 와 "당신" 이 어우러진 "우리" 로 확장되고 있는 것은 어떤 연유일까. 아마도 그것은 의지의 주체인 "나" 와 더불어 살아 숨 쉬는 이 우주를 총체적으로 포괄하기 때문일 터이다. 결국 우주 속의 생명들은 모두 "뼈" 를 갖고 태어나자마자 그 존재 이유를 "뼈" 를 통해서 드러내고 있다는, 마치 "흩어졌던 기억의 알갱이가 모여 새로운 등뼈가 되었"(「당신과 나는 구부러진 등뼈였다」) 듯이, 깨달음의 발현이 이 시가 말하고자 하는 속내로 보인다. 바로 최해돈 시인의 시정신 같은 거 말이다.

언제부터인가, 나는 뿔 하나를 갖고 싶었다

그 뿔이 내 안에 조금씩 자라기 시작했고
말없이 흘러가는 강물 위에 별들은 내려왔다
별들은 강물을 타고 바다기슭까지 훠이훠이 잘도 갔다
생각해보니, 뿔은 마음 깊은 곳에서 늘, 쿵쿵거렸다

뿔, 그는 내 안에 자라면서

들판, 밭두렁, 골목길, 바다가 되기도 하다가

약속, 설렘, 미래가 되기도 하다가
낮이면 세상 먼 곳까지 달려가 한참을 떠돌다가
날이 어둑어둑해지면
저녁의 형제들이 모인 곳으로 돌아와 쉬기도 하였다

뿔,

그는 나에게 있어 무엇이었는가
나는 그에게 있어 무엇이었는가

곰곰이 생각해보니

세상 어딘가에 뿔이 자라고 있음을 깨닫는 오후 3시 반
뿔은 언제나 나를 긍정의 길로 인도해 주었다

겨울날 봄을 기다리는 자작나무가 되어
초등학교 운동장 한복판에 있는 고요가 되어
때론, 아버지가 남겨준 논바닥 붉은 흙이 되어

—「뿔」 전문

앞에서 최해돈 시인의 시정신이 '뼈'를 통해 표출되었다고 말했다. 그러면 '뿔'은 또 무엇인가. '뿔' 또한 최해돈 시인의 시정신의 표출에 다름 아니다. 다만 '뼈'는 "바깥을 품는 뼈"이자 동시에 "좀 더 안쪽으로 파고드는 튼실한 뼈"라면, "마음 깊은 곳에서 늘, 쿵쿵거렸"던 '뿔'은 "내 안에 자라면서" 마침내

시선을 외부의 세계로부터 내부로 돌리게 한, 그리하여 "나를 긍정의 길로 인도해" 준 자아의 길이라는 상징성을 품고 있다는 사실이다. 물론 이 확장된 상징성은 '인간의 머리 위에 존재하는 것' 으로서의 '뿔' 을 나타낸 고대 이집트의 상형문자로 거슬러 올라가지만, 어떻든 최해돈 시인에게는 "언제부터인가, 나는 뿔 하나를 갖고 싶었다" 고 고백할 정도로 뿔의 신성성을 소망하고 있다.

또한 '뿔' 은 최해돈 시인에게 있어서 자아성찰의 매개물이 되기도 한다. "뿔,//그는 나에게 있어 무엇이었는가/나는 그에게 무엇이었는가//곰곰이 생각해보" 는 시간만큼 신성한 순간이 또 있을까. 뿔이 "내 안에 자라면서" 동시에 우주와 시인의 내성과 함께 자라고 있었다는 깨달음, 그리하여 "세상 어딘가에 뿔이 자라고 있음을 깨닫는" 물아일체의 정신은 곧 최해돈 시인만이 곧추세울 수 있는 시의 정신에 다름 아닐 터이다. 그 시정신은 "겨울날 봄을 기다리는 자작나무" 이며, "초등학교 운동장 한복판에 있는 고요" 이며, "때론, 아버지가 남겨준 논바닥 붉은 흙" 으로 존재한다. 이러한 존재의 가치는 시인 자신의 정신적 부름과 연관됨을 암시한다. 이러한 암시는 곧 아내가 깎아 준 단감을 먹으며 시인 스스로 단감이 되어가는 예지로 나타난다. 그렇다. "시는 기쁨에서 시작하여 예지로 끝난다." 고 말한 로버트 프로스트의 말은 명언이다. 최해돈 시인의 그 예지의 시, 「원근」을 읽어보는 것으로 이 글을 마친다.

아내가 깎아준 단감을 먹는다

단맛에 내가 푹 빠진다

한 조각 더 먹고 싶다

우주의 공간 속에 점 하나로 머문다는 건

흐르는 시간 위에 앉아 단감을 먹는 것과 같은 일이어서
흐르는 시간을 늘렸다 좁혔다 하는 것과 같은 일이어서
시를 읽다가 문득 눈에 팍 꽂히는 단어를 발견하는 것과 같은 일이어서

나는 오늘도 책상에 쭈그리고 앉아

컴퓨터 자판을 두드린다
눈을 깜박깜박하면서 사유의 세계로 먼 길을 떠난다
생각의 뿌리가 존재하는 집을 찾는다
행간에 흐르는 고딕체 글자의 힘 앞에 나를 내려놓는다

거실 바닥에 앉아 단감을 먹는다는 건

시간의 존재에 감사함을 느끼는 일
사랑하고 미워하는 사람들을 기억의 울타리로 불러들이는 일

걸어온 수평선을 돌아보며 세상을 다만 수평으로 살려고 약속하는 일
어쩌면 내가 스스로 단감이 되어가는 일

보이는 것이 멀어져 간다, 보이지 않는 것이 멀어져 간다

이 도서의 국립중앙도서관 출판시도서목록(CIP)은 서지정보유통지원시스템 홈페이지(http://seoji.nl.go.kr)와 국가자료공동목록시스템(http://www.nl.go.kr/kolisnet)에서 이용하실 수 있습니다. (CIP제어번호: CIP 2014017187)

포엠포엠 시인선 006

일요일의 문장들

최해돈 시집 · 2014

초판 1쇄 발행 2014년 5월 30일

지은이 최해돈

펴낸이 한창옥 성국

기획위원 고운기 이문재 이영광

펴낸곳 도서출판 **포엠포엠 POEMPOEM**

출판등록 25100-2012-000083

본 사 서울시 송파구 잠실로 62 트리지움 308동 1603호 (138-890)
편집실 부산시 해운대구 마린시티 3로 37 한일오르듀 1322호 (612-824)
출간 문의 010-4563-0347 FAX. 051-911-3888
메 일 poempoem@hanmail.net
홈페이지 www.poempoem.kr

제작 및 공급처 산업디자인전문회사 두손컴

정가 **10,000원**

ISBN 978-89-969275-7-0-03810

* 이 책은 2014년 충북문화재단 Chungbuk Cultural Foundation 이 지원한 창작기금을 지원받아 제작 되었습니다.
* 저자와 협의 아래 인지를 생략합니다.

* 잘못 만들어진 책은 바꿔드립니다.